Alphabet des
petits soldats

1829

Assaut.

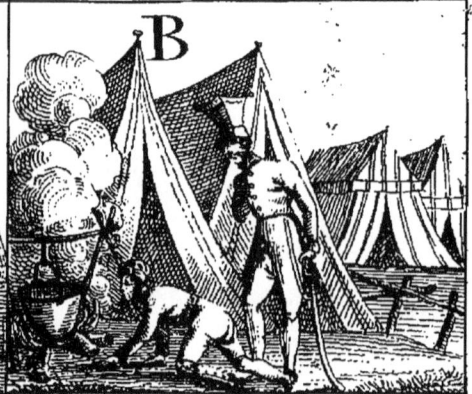

Bivouac.

Combat.

Décoration.

Exercice.

Factionnaire.

ALPHABET

DES

PETITS SOLDATS,

OU

ÉLÉMENS DE LECTURE,

Enseignés en Quinze Leçons;

CONTENANT TOUT CE QUE L'ON EST DANS L'USAGE
D'OFFRIR POUR LEÇONS AUX ENFANS;

Suivi de courtes notices sur les différens grades, fonctions et usages militaires, avec des descriptions de batailles, combats, escarmouches et anecdotes y relatives, ayant pour but d'amuser et d'instruire les jeunes enfans; terminé par quelques complimens.

ORNÉ DE 25 GRAVURES EN TAILLE-DOUCE.

PARIS.

J. BRIANCHON, LIBRAIRE,

RUE DE BELLEFOND, N° 7 BIS.

1829.

(671)

A | B

C | D

E | F

a	b
c	d
e	f

G H

IJ K

L M

g h

ij k

l m

N O

P Q

R S

n	o
p	q
r	s

T	U
V	X
Y	Z

t	u
v	x
y	z

A B C D

E F G H

I J K L

M N O P

Q R S T

U V X Y Z.

a b c d

e f g h

i j k l

m n o p

q r s t

u v x y z.

A B C D

E F G H

I J K L

M N O P

Q R S T

U V X Y Z.

---

a b c d e

f g h i j

k l m n o

p q r s t

u v x y z.

Voyelles.

a e i ou y o u

Syllabes.

ba be bi bo bu

ca ce ci co cu

da de di do du

fa fe fi fo fu

ga ge gi go gu

ha he hi ho hu

ja je ji jo ju

ka ke ki ko ku

la   le   li   lo   lu

ma me mi mo mu

na   ne   ni   no   nu

pa   pe   pi   po   pu

qua que qui quo qu

ra   re   ri   ro   ru

sa   se   si   so   su

ta   te   ti   to   tu

va   ve   vi   vo   vu

xa   xe   xi   xo   xu

za   ze   zi   zo   zu

ab	eb	ib	ob	ub
ac	ec	ic	oc	uc
ad	ed	id	od	ud
af	ef	if	of	uf
ag	eg	ig	og	ug
ah	eh	ih	oh	uh
ak	ek	ik	ok	uk
al	el	il	ol	ul
am	em	im	om	um
an	en	in	on	un
ap	ep	ip	op	up
aq	eq	iq	oq	uq
ar	er	ir	or	ur
as	es	is	os	us

at	et	it	ot	ut
av	ev	iv	ov	uv
ax	ex	ix	ox	ux
az	ez	iz	oz	uz

CINQUIÈME LEÇON.

bla	ble	bli	blo	blu
bra	bre	bri	bro	bru
cha	che	chi	cho	chu
cla	cle	cli	clo	clu
cra	cre	cri	cro	cru
dra	dre	dri	dro	dru
gla	gle	gli	glo	glu
gna	gne	gni	gno	gnu
gra	gre	gri	gro	gru
pha	phe	phi	pho	phu

pla ple pli plo plu

pra pre pri pro pru

tla tle tli tlo tlu

tra tre tri tro tru

SIXIÈME LEÇON.

PONCTUATION.

Apostrophe (') l'orage

Trait d'union (-) porte-feuille

Guillemet («)

Parenthèses ( )

Virgule (,)

Point et virgule (;)

Deux points (:)

Point (.)

Point d'interrogation (?)

Point d'exclamation (!)

2*

Les lettres doubles.

æ   œ   fi   ffi

fi   ffi   fl   ffl

ff   fb   fl   ff

ft   ct   &   w.

Lettres accentuées.

é   (aigu)

à è ù   (graves)

â ê î ô û   (circonflexes)

ë ï ü   (tréma)

ç   (cédille)

Exemple :

Pâ-té   Mè-re
Le-çon   Mê-me

Maî-tre A-pô-tre Hé-ro-ï-ne.

SEPTIÈME LEÇON.

Mots qui n'ont qu'un son, ou qu'une syllabe.

Pain	Vin
Chat	Rat
Four	Blé
Mort	Corps
Trop	Moins
Art	Eau
Marc	Veau
Champ	Pré

Vent   **Dent**
Vert   **Rond.**

HUITIÈME LEÇON.

Mots à deux sons, ou deux syllabes, à épeler.

Pa-pa   Cou-teau
Ma-man Cor-don
Bal-lon Cor-beau
Bal-le Cha-meau
Bou-le Tau-reau
Chai-se   Oi-seau
Poi-re Ton-neau
Pomme Mou-ton

Cou-sin   Ver-tu
Gâ-teau   Vi-ce

NEUVIÈME LEÇON.

Mots à trois sons, ou trois syllabes,
à épeler.

Or-phe-lin
Scor-pi-on
Ou-vra-ge
Com-pli-ment
Nou-veau-té
Cou-tu-me
Mou-ve-ment
His-toi-re

Li-ber-té
Li-ma-çon
A-pô-tre
Vo-lail-le
Ci-trouil-le
Mé-moi-re
Car-na-ge
Ins-tru-ment
Su-a-ve
Fram-boi-se
Gui-mau-ve
U-sa-ge

DIXIÈME LEÇON.

Mots à quatre sons, ou quatre syllabes, à épeler.

É-ga-le-ment
Phi-lo-so-phe
Pa-ti-en-ce
O-pi-ni-on
Con-clu-si-on
Zo-di-a-que
É-pi-lep-sie
Co-quil-la-ge
Di-a-lo-gue
Eu-cha-ris-tie

Mots à cinq sons, ou cinq syllabes, à épeler.

Na-tu-rel-le-ment
Cor-di-a-li-té
Ir-ré-sis-ti-ble

Cou-ra-geu-se-ment
In-con-vé-ni-ent
A-ca-ri-â-tre
In-do-ci-li-té
In-can-des-cen-ce
Ad-mi-ra-ble-ment
Cu-ri-o-si-té
In-ex-o-ra-ble

Mots à six sons, ou six syllabes,
à épeler.

In-con-si-dé-ré-ment
Per-fec-ti-bi-li-té
O-ri-gi-na-li-té
Ma-li-ci-eu-se-ment
As-so-ci-a-ti-on
Va-lé-tu-di-nai-re

ONZIÈME LEÇON.

Petites phrases divisées par syllabes.

J'ai-me mon pa-pa.

Je ché-ris ma-man.

Mon frè-re est o-bé-is-sant.

Ma sœur est bien ai-ma-ble.

Mon cou-sin m'a don-né un pe-tit mou-lin à vent.

Mon grand pa-pa doit m'ap-por-ter un jo-li fu-sil.

Ma bon-ne ma-man me don-ne-ra pour é-tren-nes un che-val de car-ton.

3

DOUZIÈME LEÇON.

Phrases présentant un sens moral.

Un en-fant doit ai-mer ses pa-rens.

La pa-res-se est un grand dé-faut.

Le mé-chant n'est ja-mais heu-reux.

La re-con-nais-san-ce est la pre-miè-re des ver-tus.

Le men-son-ge est le plus o-di-eux des vi-ces.

J'ai-me la ré-cré-a-ti-on a-près le tra-vail.

Dieu lit au fond de nos cœurs.

Les qua-li-tés les plus ai-ma-bles de l'en-fan-ce, sont la dou-ceur et la do-ci-li-té.

Il faut res-pec-ter la vieil-les-se, et sou-la-ger le mal-heur.

Les jeux les plus sa-lu-tai-res sont ceux qui ex-er-cent le corps.

On n'ou-blie ja-mais ce qu'on a bien ap-pris dans la jeu-nes-se.

Les a-ni-maux car-nas-siers ha-bi-tent les fo-rêts.

Le chien se plaît dans la so-ci-é-té des hom-mes.

Il faut ap-pren-dre à sup-por-ter le chaud, le froid, la faim, la soif, et la fa-ti-gue.

L'é-tu-de, qui com-men-ce par ê-tre u-ne gê-ne, fi-nit par de-ve-nir un plai-sir et mê-me un be-soin.

TREIZIÈME LEÇON.

Suite des phrases présentant un sens moral.

Il n'y a qu'un seul Dieu qui gouverne le ciel et la terre.

Ce Dieu récompense les bons, et punit les méchans.

Un enfant babillard et rapporteur est toujours rebuté par tous ses camarades.

Un enfant doit être poli.

Un enfant boudeur est haï de tout le monde.

Un enfant qui est honnête et qui a bon cœur, est chéri de tous ceux qui le connaissent.

L'enfant sage est la joie de son père.

Il n'est permis de rester à rien faire que lorsqu'on n'a plus rien à apprendre.

Le meilleur moyen de s'instruire est de n'avoir jamais honte de demander ce qu'on ne sait pas, et d'interroger les autres sur ce qu'ils savent le mieux.

De toutes les classes de

la société, celle des laboureurs est la plus utile, et conséquemment la plus respectable.

On a mauvaise opinion d'un enfant qui s'amuse à faire souffrir les animaux.

QUATORZIÈME LEÇON.

Notions générales.

L'homme a cinq sens, ou cinq manières d'apercevoir ou de sentir ce qui l'environne.

Il voit avec les yeux.

Il entend par les oreilles.

Il goûte avec la langue.

Il flaire ou respire les odeurs avec le nez.

Il touche avec tout le corps, et principalement avec les mains.

Les quatre élémens qui composent notre globe, sont : l'air, la terre, l'eau et le feu.

Sans air, l'homme ne peut respirer.

Sans la terre, qui produit lorsqu'on la cultive, l'homme ne peut manger.

Sans eau, l'homme ne peut boire.

Sans feu, l'homme ne peut se chauffer.

L'année se compose de douze mois, qui sont : janvier, février, mars, avril, mai, juin, juillet, août, septembre, octobre, novembre, et décembre.

Dans une année il y a cinquante-deux semaines.

Dans un mois il y a quatre semaines.

Chaque semaine est de sept jours, qui sont : lundi, mardi, mercredi, jeudi, vendredi, samedi, et dimanche.

Le jour est composé de vingt-quatre heures.

Il y a trente ou trente-un jours dans chaque mois;

Trois cent soixante-cinq ou trois cent soixante-six jours dans une année.

Il faut cent années pour faire un siècle.

L'année se divise en quatre saisons : le printemps, l'été, l'automne et l'hiver.

QUINZIÈME LEÇON.

Suite des notions générales.

La terre est ronde.

Le soleil éclaire tantôt une partie de la terre, et tantôt l'autre. Quand il luit sur la partie que nous habitons, il fait jour; quand il éclaire la partie opposée, il fait nuit.

Le ciel est cet espace au-dessus de nos têtes, où nous voyons le soleil, la lune et les étoiles. C'est là que se forment les nuages, la pluie, les vents et le tonnerre.

Le vent peut souffler de quatre côtés du ciel; ces quatre côtés s'appellent *points cardinaux*. Les points cardinaux sont : *le nord, le midi, l'orient et l'occident*.

Le vent fait tourner les ailes d'un moulin; ces ailes

font mouvoir une meule en pierre, et cette meule écrase le grain et le réduit en farine : c'est avec cette farine que nous faisons du pain.

————

Nos vêtemens sont faits de laine, de chanvre, de coton, ou de soie.

La laine est ce qui couvre la peau des moutons.

Le chanvre est une plante dont l'écorce se convertit en filasse.

Le coton est le fruit d'un arbre qui croît dans les pays chauds.

La soie est produite par

une espèce de vers que l'on nomme vers-à-soie.

Les chapeaux se font avec le poil du castor, du lièvre, et du lapin.

La chaussure des hommes se fait avec la peau préparée de certains animaux, tels que le veau, la chèvre, le cheval.

———

Grand garde.

Honneurs (Militaires.)

Inspection.

Jalonner.

Kalmouk.

Lanciers.

LES PETITS SOLDATS,

ou

NOTIONS ÉLÉMENTAIRES

Sur les Fonctions, le Service, la Discipline et l'Instruction
des Troupes françaises.

A.

Aide-de-camp. C'est un officier attaché au général pour porter ses ordres.

Ambulance. Lieu où pendant et après le combat on porte les blessés.

Arme. Terme par lequel on désigne les différentes catégories militaires. On dit l'*arme de l'infanterie,* de la *cavalerie,* de l'*artillerie,* du *génie.*

Armée. Hommes en armes rassemblés par les ordres et les soins d'un gouvernement pour l'attaque ou la défense de son territoire.

Armée de terre (l'). Elle est formée de corps de cavaliers; de fantassins et d'artilleurs; elle est divisée en corps d'armée, qui le sont en divisions : ces dernières sont composées de brigades, et les brigades de régimens. Elle est comman-

4

dée en France par le Roi, par un prince de son sang, ou au moins par un maréchal.

Armée navale (l'). C'est une réunion de vaisseaux de divers rangs (différentes grandeurs), munis de canons et montés de leurs équipages de guerre, composés de matelots et de soldats.

Armes à feu. Fusils, pistolets, etc.

Armes blanches. Sabres, baïonnettes, lances. Les anciens ne connaissaient que les armes blanches, qui se composaient d'*armes offensives :* l'épée, la pique, le javelot ; d'*armes défensives :* le casque, la cuirasse, le bouclier.

Artillerie. Les bouches à feu (canons, obusiers, mortiers), et les caissons, qui portent les boulets, obus, bombes et la poudre.

Assaut. Effort de l'infanterie pour enlever les murs d'une ville fortifiée ou les retranchemens dont l'armée ennemie s'est couverte. Le succès en est d'autant plus glorieux pour les soldats qui le donnent, qu'ils ne peuvent être protégés par leur artillerie, tandis que celle de la place ou du camp qu'ils attaquent tonne sur eux. Toutefois l'assaut n'est ordinairement livré qu'après que le canon a détruit en partie les fortifications ennemies.

Avant-garde (l'). C'est une troupe de soldats à pied et à cheval précédant l'armée, pour assurer sa marche quand elle se porte en avant; l'*arrière-garde* a la même mission quand l'armée rétrograde.

Avant-postes (les). Ce sont de petits détachemens en avant d'une armée, qui campent pour la préserver de toute surprise de la part de l'ennemi.

B.

Bataille. Choc entre deux armées. Les troupes légères à pied et à cheval engagent l'action; l'artillerie se fait ensuite entendre des deux côtés; enfin, les masses d'infanterie et de cavalerie s'avancent, se joignent. L'infanterie fait feu ou charge à la baïonnette, la cavalerie s'élance le sabre à la main. Le courage des soldats, et surtout l'habileté des généraux, décident de la victoire.

Bataillon carré. Un corps d'infanterie menacé sur ses flancs ou ses derrières par une force supérieure, se forme en carré, et par ce moyen fait face sur tous les points. Dans un terrain uni, le bataillon carré peut opérer sa retraite, s'il n'est pas pressé trop vivement.

Batterie. C'est une certaine quantité de bouches à feu placées dans une position favorable (une hauteur, un rempart) pour foudroyer l'ennemi. En rase campagne, on nomme ainsi un nombre indéterminé de canons et d'obusiers réunis ensemble.

Bivouac. Campement des troupes, sans autre toit que la voûte des cieux, sans autre lit que la terre.

Bombe. Boulet creux rempli de poudre. La bombe décrit une ligne courbe, et en éclatant incendie ou écrase tout ce qu'elle rencontre.

C.

Campagne. Une année de guerre ou un mois de temps, si l'objet de la guerre a été rempli.

Cantine. Cabaret militaire où les soldats viennent se délasser de leurs travaux, oublier leurs périls et chanter leur victoire.

Cartouche. La charge d'un fusil ou d'un pistolet, poudre et balle.

Caserne. Vaste bâtiment où sont logés les soldats.

Chasseurs à cheval ou à pied. Soldats de troupes légères. Les chasseurs tyroliens sont renommés pour tirer juste.

Citadelle. Espace entouré de murailles et de fossés, renfermant magasins, casernes et garnison, et ajoutant aux moyens de défense d'une ville. La ville prise, la citadelle peut se défendre encore.

Colonne. Troupes rangées ou marchant dans l'ordre d'un carré long.

Combat. Action d'attaquer et de se

4.

défendre. Lutte, effort que font deux partis opposés pour se disputer un avantage quelconque. Les combats sont quelquefois aussi meurtriers que de grandes batailles, et leur issue donne lieu à de grands résultats. Voyez *Bataille*. Les Français, dans les guerres de la révolution, n'ont livré qu'environ trente batailles, et ont soutenu au contraire le choc des ennemis ou les ont attaqués dans plus de mille combats, où l'avantage nous est presque toujours resté.

Conseil de guerre. Composé d'officiers de différens grades, pour juger les délits commis dans le service militaire.

Convoi. Voitures chargées de munitions de guerre ou de bouche, pour les besoins d'une armée ou d'une ville forte. Chaque parti cherche à enlever les convois destinés à son adversaire.

Croix. La croix est le signe distinctif d'une classe de citoyens qui ont bien mérité du Roi et de la patrie par leurs talens, leurs longs services, leurs belles actions ou leur courage. Ces citoyens, ainsi distingués des autres, forment un ordre dont le monarque est le chef : tel est, en France, l'ordre de la Légion-d'Honneur ou l'ordre de Saint-Louis. La croix de Saint-Louis est plus particulièrement décernée au mérite militaire ; la croix d'honneur l'est à tous les genres de services rendus à l'état. Si un bout de ruban, un bijou insignifiant récompensent les longs travaux de l'administrateur, les vertus du magistrat, les blessures et les fatigues du guerrier, c'est que cet ornement, frivole en apparence, est un certificat d'honneur ; mais il n'a plus que sa valeur intrinsèque quand il pare la boutonnière de l'intrigant ou du valet de cour, qui l'a obtenu sans avoir aucun titre à la considération publique.

La croix de Saint-Louis et la croix de la Légion-d'Honneur, depuis leur institution, ont toujours été regardées par les soldats comme de véritables brevets de valeur, de courage et de vertus militaires. Souvent le simple soldat borne toute son ambition à l'obtention de cette honorable récompense; il se croit alors (et c'est ainsi qu'il est placé dans l'opinion de ses camarades) un modèle obligé de bravoure, de discipline et de dévoûment. Il doit toujours se trouver au premier rang vis-à-vis les ennemis de son Roi, ou dans les dangers qui spontanément menacent la vie de ses concitoyens. On a vu, et l'on voit souvent en effet, des soldats accourir les premiers lors d'un incendie, d'un éboulement, d'une inondation ou d'un mouvement populaire, et savoir, dans ces périls inattendus, déployer un aplomb, une énergie et un dévoûment extraordinaires, et faire passer dans l'âme de la multitude l'enthousiasme dont ils sont animés.

D.

Déroute. Une armée en déroute laisse derrière elle ses canons et ses équipages; les soldats quittent leurs rangs et fuient en jetant leurs armes et abandonnant leurs drapeaux.

Déserteur. C'est un soldat qui, refusant ses services à son Roi et à sa patrie, abandonne son drapeau pour retourner dans ses foyers, ou, plus coupable encore, pour passer dans les rangs ennemis. Ce crime, dans quelques circonstances, et surtout dans cette dernière, est puni de mort par la loi, et dans toutes, de l'infamie par l'opinion publique.

Discipline. C'est une obéissance exacte aux usages militaires, aux commandemens de tous les chefs. La discipline est le garant de la gloire d'une armée. Par elle, le soldat fait respecter son drapeau des populations au milieu desquelles il établit ses tentes; par elle, les armées exécutent avec ordre et promptitude ces mouvemens décisifs qui sauvent une armée en péril, ou lui donnent la victoire dans un de ces momens qui, n'étant point saisis, ne se retrouvent plus.

Dragon. Cavalier armé d'un casque, de pistolets, d'un sabre et d'un fusil. Il semble tenir le milieu entre le cavalier de ligne ou grosse cavalerie (le cuirassier, le carabinier) et le cavalier léger (le lancier, le hussard, le chasseur).

Drapeau. C'est le symbole de l'honneur militaire. Les Romains lui rendaient une sorte de culte qui s'est propagé jusque dans les rangs français. Un régiment français ayant perdu son drapeau dans une bataille, il y a trente ans, le retrouva depuis dans une ville où il entrait en vainqueur; on vit les vieux soldats se presser autour du drapeau reconquis, le couvrir de baisers, et s'embrasser en versant des larmes de joie : tel est l'amour de nos soldats pour leurs drapeaux.

E.

Embuscade. Piége. Les soldats en embuscade se tiennent cachés jusqu'au moment favorable de surprendre l'ennemi. C'est ordinairement dans un bois, un terrain couvert de maisons, de haies, un pays de montagnes, que se dressent les embuscades.

Escarmouche. Combat peu important entre des soldats de cavalerie légère.

Escorte. Les généraux ont une escorte de quelques cavaliers. On appelle ainsi un détachement chargé de protéger la marche d'un convoi.

Espion. C'est un homme rusé et hardi qui s'introduit dans un camp, une ville forte ou dans une armée, pour étudier leurs forces, les projets des chefs qui y commandent, afin d'en instruire l'ennemi. L'espion découvert est fusillé de suite.

Escouade. Huit ou dix hommes sous les ordres d'un caporal. Plusieurs escouades forment une subdivision commandée par un sergent.

Exercice. Éducation militaire des jeunes soldats. L'exercice a lieu une fois et quelquefois deux par jour, pour leur apprendre le maniement des armes et les évolutions, c'est-à-dire l'art de se mouvoir avec ensemble et rapidité au commandement du chef.

F.

Fascine. Sorte de grand panier rempli de terre, dont on forme des retranchemens, en les serrant les uns contre les autres, pour se placer derrière, ou qui servent à couvrir les travailleurs et les soldats dans un siége.

Fort. Construction militaire pour défendre les approches d'une ville, un passage important.

Fourgon. Chariot militaire.

Fourrier. Sous-officier chargé, avec le sergent-major, de la gestion d'une compagnie, et spécialement d'en recevoir et de lui en distribuer les vivres.

Fusillade. Feu de deux troupes d'infanterie tirant l'une sur l'autre.

G.

Garde. La garde royale est composée

de régimens d'élites à pied et à cheval : on l'appelait autrefois en France la maison du Roi. C'est la cavalerie de la maison du Roi qui, à la bataille de Fontenoi, enfonça la colonne anglaise. L'ex-garde impériale s'est immortalisée par sa brillante tenue, sa parfaite discipline, et surtout par son invincible courage. Le chef de l'armée l'avait surnommée la *colonne de granit*, pour peindre son sang-froid, son imperturbabilité.

Gargousse. Charge d'un canon.

Garnison. Troupes résidant dans une ville ; soldats embarqués sur un vaisseau.

Génie. Armé consacrée aux instructions militaires. Notre corps du génie jouit de la plus haute réputation ; on l'a vu enfanter des merveilles, en élevant à l'improviste des ouvrages admirables, et qui semblaient exiger un long temps, soit pour fortifier des positions, soit pour franchir des fleuves larges et rapides, ou pour défendre un point quelconque.

5

Grand'garde. Assure, avec les avant-postes, la sécurité de l'armée.

Grenade. Globe de fer semblable à la bombe, mais d'une dimension telle qu'elle peut se lancer à la main; c'est de là qu'est venu le mot *grenadier*.

Grenadiers. Soldats qui lancent la grenade, d'un usage rare aujourd'hui. Maintenant les grenadiers sont des hommes d'élite. Il faut, en France, un an de service au moins pour être grenadier; il y en a une compagnie par bataillon.

Guide. Un corps en marche met en réquisition un habitant du pays pour le guider. On appelle guides, dans les manœuvres, des sous-officiers placés de distance en distance, pour régler la marche des bataillons. Il y a eu des corps légers qui portaient le nom de *guides*.

H.

Honneurs. La nécessité de maintenir une parfaite discipline dans l'armée a rendu très-rigoureuse l'étiquette militaire. Les moindres grades ont droit au salut militaire. On salue de la main les sous-officiers; on porte les armes aux officiers; on les présente aux officiers-généraux.

Hussard. Soldat de cavalerie légère, monté sur un cheval de petite taille, armé d'une carabine, d'un sabre et de pistolets. Les hussards vont à la découverte, harcèlent l'ennemi, troublent la marche des convois. Les hussards allemands ont été long-temps renommés par leur cruauté, leur fureur de pillage.

I.

Inspection. Les officiers inspectent fréquemment les armes de leurs soldats. Il y a des inspecteurs aux revues, pour s'assurer du nombre des hommes composant chaque corps, de l'état de leur habillement, équipement, armement.

Instruction. Beaucoup de jeunes gens des provinces éloignées entrant au régiment dénués de toute instruction, la sollicitude du gouvernement y a pourvu; des maîtres sont institués dans chaque régiment, pour apprendre à nos jeunes soldats qui témoignent du zèle et de la bonne volonté, la lecture, l'écriture, l'arithmétique, et quelques notions de grammaire, de géographie, et de dessin linéaire. L'*instruction* s'étend aussi sur le moral. On s'attache à polir leurs mœurs, adoucir leur caractère, leur inspirer des qualités sociales et personnelles, telles que l'ordre, la promptitude, la propreté, la confraternité entre camarades, etc. On leur donne même des *instructions* sur la religion; des aumôniers sont, à cet effet, attachés à chacun de nos régimens.

J.

Jalon. Point marqué pour régler les grandes manœuvres. Ainsi un arbre, un soldat même, placé dans certaine direction, guidera la marche des régimens qui se dirigeront vers eux.

K.

Kalmouks. Habitans de la Tartarie; peuples guerriers qu'on a vus récemment à la suite des armées russes. Les Kalmouks et Cosaques sont des troupes légères et indisciplinées, qui ne servent qu'à inquiéter l'ennemi, en voltigeant sur ses flancs et derrière lui; leurs armes sont la lance principalement, des flèches et des pistolets. Montés sur de petits chevaux infatigables, les Kalmouks, Baskirs et Cosaques fondent en jetant de grands cris (*houra!*) sur les soldats ennemis isolés, les équipages, et fuient à la moindre résistance sérieuse. Ils excitent l'effroi des pauvres paysans et le mépris des troupes réglées.

L.

Lancier. Cavalier léger, armé d'une lance, d'un sabre et de pistolets. Il est bien redoutable pour une troupe en désordre, et fait grand carnage des fuyards.

5.

Ce n'est point sur le champ de bataille que la fuite est un moyen de salut. Le régiment qui perd le moins de monde est celui qui, tenant les rangs serrés et faisant bonne contenance, et un feu nourri, retraite en bon ordre et lentement.

M.

Maraude. Délit presque toujours puni, et que les bons soldats commettent rarement. C'est quitter son corps pour fouiller les maisons écartées et voler le paysan. Le manque de vivres excuse à peine cette faute, qui nuit à l'armée, en éclaircissant ses rangs, et irritant contre elle les habitans. Les maraudeurs d'habitude sont de véritables brigands sous l'habit militaire.

Maréchal de France. Grade militaire le plus élevé. Tous les jeunes soldats ont l'espérance d'obtenir un grade plus ou moins haut dans l'armée. On a vu, dans les dernières guerres, des hommes ob-

M

Maraude.

N

Nageurs.

O

Officier général.

P

Patrouille.

Q

Qui-vive !

R

Reconnaissance.

scurs, mais remplis de courage et de vaillance, passer de grade en grade à cette haute dignité. S. M. Louis XVIII, de glorieuse mémoire, a dit dans une de ses proclamations : « *Chaque conscrit* » *porte dans son havresac le bâton de* » *maréchal de France!* » voulant établir d'une manière solennelle l'aptitude qu'a chaque Français d'arriver au poste que son mérite peut lui faire décerner comme récompense.

Mine. Chemin souterrain conduit sous les remparts d'une ville, pour les faire sauter par le moyen de la poudre. Dès que les remparts sont croulés, les assiégeans montent à l'assaut.

Mitraille. Au lieu de boulet, on met dans le canon une enveloppe contenant des morceaux de vieux fer, des balles, des biscaïens. Le coup part, l'enveloppe se déchire, la mitraille s'écarte, et renverse quelquefois des rangs entiers.

Musique. La musique militaire est un puissant stimulant à la guerre; elle anime les soldats. Leur fidèle compagnon de guerre, le noble animal qui les porte au combat, le cheval, n'est point insensible aux accens de la musique guerrière. On sait l'histoire de ce vieux cheval d'escadron, qui, la tête basse, après dix ans de services oubliés, portait humblement le villageois devenu son maître au village; au son de la trompette d'un régiment qui passait, il lève fièrement la tête, jette à bas son cavalier, comme indigne de presser de ses sabots les flancs d'un noble vétéran tel que lui, et court au galop se ranger parmi les chevaux de guerre.

N.

Nageur. L'art de la natation est utile à la guerre. Dans les campagnes de mer, il est indispensable. On a vu nos soldats passer une rivière à la nage, tenant d'une main leurs fusils chargés élevés au-dessus de leur tête, en s'aidant de l'autre, et, arrivés à terre, attaquer et repousser l'ennemi.

Natation. L'art ou l'action de nager.

O.

Obus (Voy. *Bombe*). Au lieu de décrire un cercle, l'obus suit une ligne horizontale.

Officiers. Capitaines, lieutenans et sous-lieutenans, adjudans-majors.

Officiers supérieurs. Colonels et lieutenans-colonels.

Officiers généraux. Lieutenans-généraux et maréchaux de camp.

Ordonnances. Messagers militaires.

P.

Parapet. Rebord d'une fortification pour abriter ses défenseurs.

Patrouille. Elle parcourt l'intérieur d'une ville, pour y maintenir la tranquillité, ou les dehors du camp, pour s'assurer que l'ennemi ne s'en est point approché durant la nuit. En présence de l'armée opposée, les patrouilles courent de grands périls. Le chevalier d'As-

sas et le chasseur Fortunas, le premier
dans les anciennes guerres d'Allemagne,
le second au siége de Dantzick, tombèrent, l'un au milieu des Autrichiens,
l'autre au milieu des Russes, qui ten-
taient une surprise de nuit. Tous deux
sommés de se taire, firent échouer les
projets de l'ennemi. D'Assas s'écria :
A moi, Auvergne, ce sont les ennemis!
(Il était capitaine au régiment de ce
nom). Fortunas jeta ce cri : *Tirez, mon
capitaine, ce sont les Russes!* Tous deux
tombèrent percés de cent coups de baïonnettes, glorieuses victimes de l'honneur
français et du devoir militaire.

Planton. Militaire placé près d'un
chef pour être prêt à exécuter ses ordres.

Pontons. Ils font partie des équipages
militaires, et suivent l'armée, pour lui
faciliter le passage des rivières. Les pontons, qui sont de légères nacelles, en
cuivre quelquefois, portées sur des cha-
riots, sont mis en œuvre par les *pon-
tonniers.*

Porte-drapeau. Grade honorable et dangereux. Dépositaire, en quelque sorte, de l'honneur de son régiment, le porte-drapeau doit mourir plutôt que d'abandonner un si précieux dépôt.

Q.

Quart. Temps de garde à bord des vaisseaux. Une partie de l'équipage dort, l'autre veille.

Qui vive? Cri de la sentinelle en faction lorsqu'elle entend du bruit.

R.

Reconnaissance. Est ordinairement faite par la cavalerie légère. S'il s'agit de reconnaître les positions de l'ennemi, ses desseins, sa force numérique, un tel examen demandant de hautes connaissances militaires, elle est faite souvent par le général en chef lui-même.

Régiment. C'est la famille des vieux soldats, le centre de leurs affections, l'objet de leur orgueil. Leur régiment est toujours le plus brave et le plus beau. Un régiment est divisé en batailllons, les bataillons en compagnies, etc.

Réserve. Si l'armée se trouve pressée par l'ennemi, la réserve lui fournit des renforts; en cas d'échec, elle s'avance toute entière. A la bataille de Fontenoi et à celle de Marengo, l'armée française était repoussée; ce furent les troupes de réserve qui changèrent la fortune et lui donnèrent la victoire.

Revue. Solennité militaire. Les troupes, en grande tenue, sont examinées par les généraux, par le Roi, et exécutent devant eux diverses manœuvres.

S.

Salle de police. Prison où sont enfermés les militaires pour de légères fautes.

Sapeur. Soldat armé d'une hache. Il coupe les palissades du retranchement ennemi, brise les portes d'une ville, facilite la marche des troupes et de l'artillerie dans un bois.

Sapeurs.

Triomphale (Entrée.)

Vivandière.

(Trophée.)

Yacht.

Zaim. (Cavalier turc.)

Sentinelle. Elle défend, placée à la porte d'un lieu quelconque, et selon sa consigne, l'entrée à qui n'y a pas droit. À la guerre, elle veille pour donner l'alarme en cas de danger; la sentinelle, dans cette dernière circonstance, doit se défendre du sommeil, et avoir l'oreille au guet.

Siége. Opérations et travaux pour s'emparer d'une ville de guerre. On reconnaît d'abord les formes de la place; on en approche peu à peu en creusant la terre, afin de frayer des chemins qui y conduisent les soldats à couvert du feu des remparts; on dresse des batteries, on creuse des mines, on lance des bombes dans la ville, et lorsque les fortifications sont détruites, si la garnison refuse de capituler, on donne l'assaut, qui peut entraîner le massacre des troupes ennemies et le pillage de la place.

Sortie. Quand la garnison de la ville assiégée voit des ouvrages menaçans s'élever autour d'elle; quand elle sait qu'un renfort d'hommes ou un convoi de vi-

vres doit lui arriver, elle fait une sortie,
dont le but est de détruire les ouvrages,
enclouer les canons ennemis, ou de favo-
riser l'entrée des renforts et des convois.

Sous-officiers. Adjudans sous-officiers,
sergens-majors, sergens, fourriers, con-
tre-maîtres, quartiers-maîtres, etc.

T.

Tambour. C'est un soldat, et quelquefois un jeune garçon, muni d'un in-
strument connu, qui sert à régler le pas
des troupes en marche. Certains signaux
des tambours annoncent le *réveil* (en
battant la *diane*); l'approche du péril
(en battant la *générale*); la nécessité de
rétrograder devant un ennemi supé-
rieur, ou l'heure de rentrer au quartier
(en battant la *retraite*). Ce tambour appelle les divers sous-officiers aux devoirs
de leurs emplois respectifs.

Enfin, le tambour stimule le courage
des soldats en battant la *charge*. Il bat
aux *champs* quand les troupes sont en
présence des généraux.

Tirailleurs. Soldats de troupes légères qui engagent une action. Éparpillés sur le front des deux armées, ils préludent à la bataille. Quand les tirailleurs ne sont point opposés à d'autres tirailleurs, ils ont pour but de fatiguer l'ennemi, en se servant de tous les accidens du terrain, tels que fossés, haies, buissons, murs, arbres, etc.

Train d'artillerie. Les canonniers à pied et à cheval sont pour le service des bouches à cheval, les soldats du train pour les conduire, ainsi que les caissons.

Travailleurs. Qui remuent la terre dans les travaux quand on assiége une ville ou qu'on fortifie une position. Les pionniers forment un corps spécialement chargé d'exécuter les conceptions de cette partie de l'art militaire.

Trompette. Le trompette est pour la cavalerie ce que le tambour est pour l'infanterie.

U.

Uniforme. Habit militaire dont la forme et les couleurs varient selon les armes. *Respecter son uniforme*, c'est se conduire en vrai soldat, c'est-à-dire courageusement devant l'ennemi, avec modération et humanité au milieu des habitans paisibles et désarmés.

Union. C'est ce qu'on appelle encore la fraternité d'armes; un tendre attachement qui doit nécessairement lier des hommes appelés à vivre ensemble au milieu des mêmes périls et des mêmes privations, et qui sentent qu'une communauté d'affections et de secours journaliers peut seule adoucir leur position. Dans les temps les plus éloignés de nous, les guerriers s'engageaient entre eux dans les liens d'une inaltérable amitié. Le bataillon sacré des Thébains était composé de jeunes gens qui juraient de mourir plutôt que de s'abandonner l'un l'autre. Les anciens chevaliers adoptaient chacun un *frère d'armes* qu'ils secouraient dans toutes les circonstances. Dans les troupes françaises, dès qu'un soldat était malade ou blessé, son *camarade de lit* veillait sur lui avec une scrupuleuse attention; c'était un devoir sacré qu'il n'eût point osé négliger.

V.

Vague-mestre. Sous-officier chargé dans l'armée de la réception et de la distribution des lettres.

Vivandière. La joyeuse vivandière, épouse de quelque vétéran, l'accompagne à l'armée avec ses enfans, nés sur les champs de bataille; elle partage ses fatigues et presque tous ses dangers. D'abord un baril sur le dos, plus tard marchant à la suite d'un âne bien chargé, enfin, montée dans une petite charrette, elle vend son vin et son eau-de-vie un peu en arrière des troupes engagées avec l'ennemi. Le vétéran obtient son congé et une pension, la vivandière a gagné quelque argent; leurs enfans ont grandi sous les drapeaux, en y suivant la car-

6.

rière de leurs parens. Tous deux revien-
nent couler doucement leur vie dans le
village natal, quand le mal et la misère
de toute espèce les ont épargnés. Voilà
certes une fortune bien acquise !

Y.

Yacht. Petit navire qui sert aux trans-
ports de bagages et d'équipages, ou qui
marche à la suite d'une flotte.

Z.

Zaïm. Cavalier turc. Montée sur les
meilleurs coursiers du monde (les chevaux arabes), armée du sabre et de légères armes à feu, la cavalerie turque
serait infiniment redoutable, si la discipline européenne ne lui opposait des
obstacles insurmontables. Les Français
en Égypte virent expirer devant leurs
bataillons carrés, comme devant autant
de forteresses vivantes, la furie des masses
agiles des cavaliers turcs, arabes et Ma-
meloucks, foudroyés par le feu nourri
des carrés, ou arrêtés par leurs rangs
serrés et hérissés de baïonnettes.

COMPLIMENS.

UN TRÈS-JEUNE ENFANT

A SON PÈRE OU A SA MÈRE.

LE sentiment peut égaler
Et surpasser le talent même :
Est-il donc besoin de parler
Pour faire entendre que l'on aime?
Puissé-je en ce jour de bonheur,
Prenant un accent qui vous touche,
Vous prouver du moins que mon cœur,
Parle pour moi mieux que ma bouche!

Ce couplet peut se chanter sur l'air d'*Hippolyte*.

UN ENFANT DE DIX A DOUZE ANS

A SON PÈRE OU A SA MÈRE,

En lui offrant un travail d'écriture, de dessin ou autre.

LA politesse mensongère,
Les grands mots, son zèle et ses vœux,
Sont une étrenne assez légère;
Ah! Papa (ou Maman) doit attendre mieux.
Tous les propos de bonne année,
Avant la fin de la journée,
Seront bien loin de votre esprit;
Mais vous vous souviendrez, je gage,
De la main qui fit cet ouvrage,
Et de celui (ou celle) qui vous l'offrit.

A UN INSTITUTEUR

ou

A UNE INSTITUTRICE.

Dans nos jardins un arbrisseau,
Pour croître, a besoin de culture;
Par un travail toujours nouveau,
L'homme seconde la nature :
De même vos soins assidus
Sont le soutien de mon jeune âge;
Un jour, si j'ai quelques vertus,
Ces vertus seront votre ouvrage.

Ce couplet peut se chanter sur l'air : *Femmes, voulez-vous éprouver,* etc.

ÉTRENNES A UN PÈRE,

OU A UNE MÈRE.

Pour vous au ciel je demande chaque jour,
De tous les dons le parfait assemblage;
Et ce vœu que toujours ailleurs forme l'usage,
Est formé chez moi par l'amour.

POUR LA NOUVELLE ANNÉE,

UN FILS A SON PÈRE OU A SA MÈRE.

Daignez, mon père (¹), accueillir mon hommage,
Et de l'amour que j'ai pour vous
Écouter ici le langage;
Vous plaire est pour mon cœur le plaisir le plus doux

(¹) Ou : *Ma mère.*

Et, pour mériter par mon zèle,
Votre bienveillance éternelle,
N'en doutez plus, désormais votre fils,
Toujours tendre, toujours soumis,
Du respect filial offrira le modèle.

A SON GRAND-PAPA,

LE JOUR DE L'AN OU LE JOUR DE SA FÊTE.

QUE je vois avec joie arriver ce beau jour,
Où je puis de mon cœur vous offrir sans détour
Le zèle, le respect et l'ardeur bien sincère!
J'ai besoin, il est vrai, d'une voix étrangère
Pour pouvoir exprimer ce que mon cœur me dit;
Pour le sentir, ah! lui seul me suffit.

POUR LA FÊTE D'UN PARENT,

ONCLE, TANTE, COUSIN OU COUSINE.

TROIS fleurs, simplement et sans art,
Vont s'offrir à vous de ma part,
L'estime, le respect et la reconnaissance;
Pour vous les présenter, je n'ai pas eu besoin
De les aller chercher bien loin:
Elles vous doivent leur naissance.

A UN SUPÉRIEUR,

A UN BIENFAITEUR OU A UNE BIENFAITRICE.

L'ON dit assez communément
Qu'en parlant de ce que l'on aime,
Toujours on parle éloquemment.
Je n'approuve point ce système;

Car moi qui voudrais en ce jour
Vous prouver ma reconnaissance,
Mon cœur est tout brûlant d'amour,
Et ma bouche est sans éloquence.

A UN PARRAIN,

LE JOUR DE L'AN.

A peine l'an se renouvelle,
Qu'à l'amitié j'offre mes vœux;
Puis-je assez tôt marquer mon zèle
Au mortel le plus généreux?
Si l'amitié donnait aux hommes
Le droit de l'immortalité,
Parrain, dans le siècle où nous sommes,
Vous l'auriez déjà mérité.

HOMMAGE D'UNE PENSÉE.

DE cette humble et modeste fleur,
Lorsqu'ici je vous fais l'hommage,
Près de vous qu'elle soit le gage
Des vrais sentimens de mon cœur.   *bis.*
La rose, au premier rang placée,
Ne présente aux yeux éblouis
Qu'une fraîcheur bientôt passée;   *bis.*
Mais dans le cœur de ses amis ⎞ *bis.*
On vit toujours par la pensée ⎠

Se chante sur l'air : *L'hymen est un lien.*

Chiffres arabes et romains.

un	—	1	—	I
deux	—	2	—	II
trois	—	3	—	III
quatre	—	4	—	IV
cinq	—	5	—	V
six	—	6	—	VI
sept	—	7	—	VII
huit	—	8	—	VIII
neuf	—	9	—	IX
dix	—	10	—	X
onze	—	11	—	XI
douze	—	12	—	XII
treize	—	13	—	XIII
quatorze	—	14	—	XIV
quinze	—	15	—	XV
seize	—	16	—	XVI
dix-sept	—	17	—	XVII
dix-huit	—	18	—	XVIII
dix-neuf	—	19	—	XIX
vingt	—	20	—	XX
trente	—	30	—	XXX
quarante	—	40	—	XL
cinquante	—	50	—	L
soixante	—	60	—	LX
soixante-dix	—	70	—	LXX
quatre-vingts	—	80	—	LXXX
quatre-vingt-dix	—	90	—	CX
cent	—	100	—	C
deux cents	—	200	—	CC

cinq cents	— 500	—	D
six cents	— 600	—	DC
mille	—1000	—	M

TABLE DE MULTIPLICATION.

fois	font		fois	font		fois	font
2 —2 —	4		4 — 4 —	16		6 — 8 —	48
2 —3 —	6		4 — 5 —	20		6 — 9 —	54
2 —4 —	8		4 — 6 —	24		6 — 10—	60
2 —5 —	10		4 — 7 —	28			
2 —6 —	12		4 — 8 —	32		fois	font
2 —7 —	14		4 — 9 —	36		7 — 7 —	49
2 —8 —	16		4 — 10—	40		7 — 8 —	56
2 —9 —	18					7 — 9 —	63
2 —10—20			fois	font		7 — 10—	70
			5 — 5 —	25			
fois	font		5 — 6 —	30		fois	font
3 —3 —	9		5 — 7 —	35		8 — 8 —	64
3 —4 —	12		5 — 8 —	40		8 — 9 —	72
3 —5 —	15		5 — 9 —	45		8 — 10—	80
3 —6 —	18		5 — 10—	50			
3 —7 —	21					fois	font
3 —8 —	24		fois	font		9 — 9 —	81
3 —9 —	27		6 — 6 —	36		9 — 10—	90
3 —10—30			6 — 7 —	42		fois	font
						10 —10—100	

FIN.

COULOMMIERS. — IMPRIMERIE DE BRODARD.

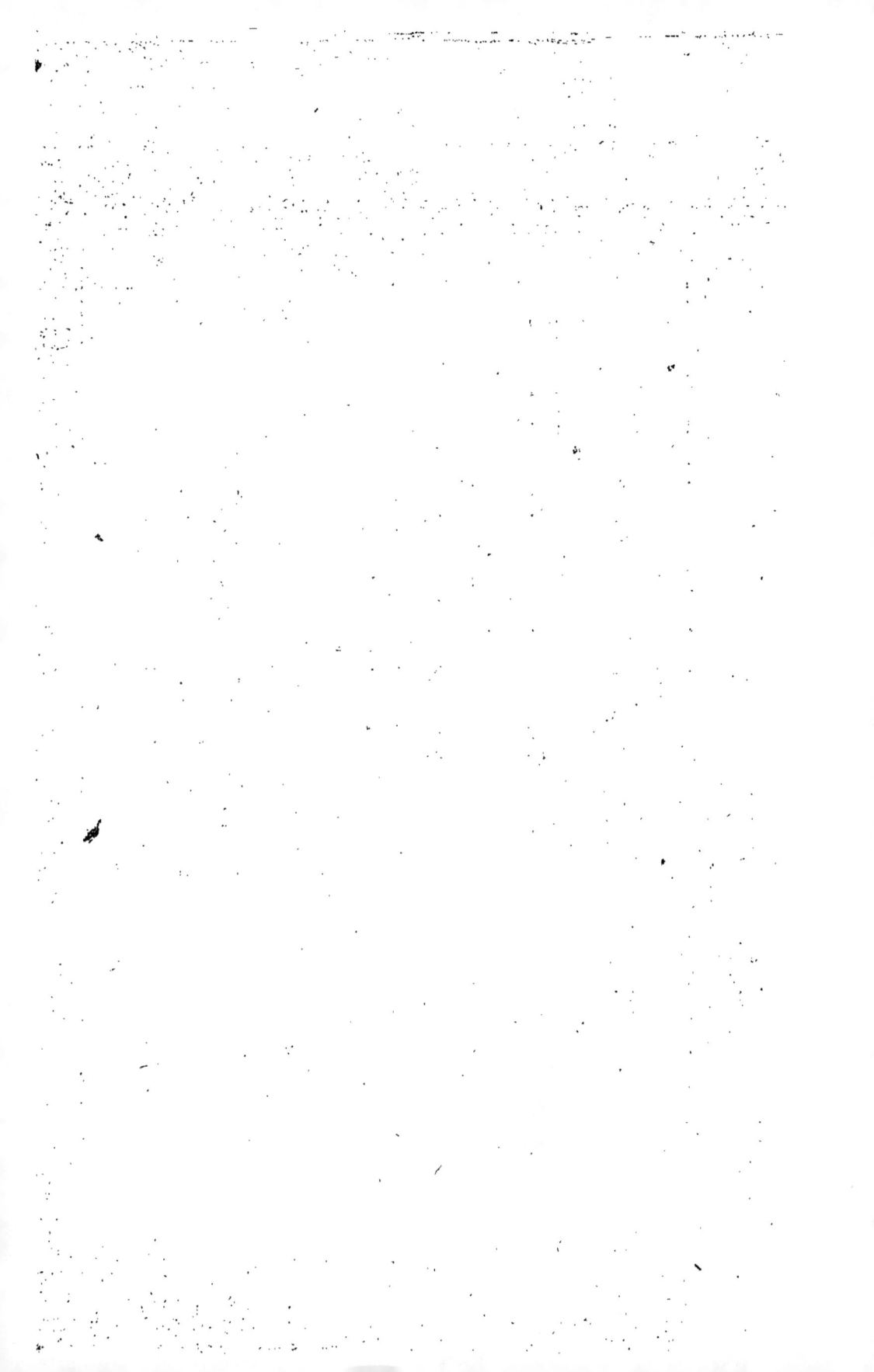

www.ingramcontent.com/pod-product-compliance
Lightning Source LLC
Chambersburg PA
CBHW070911280326
41934CB00008B/1682